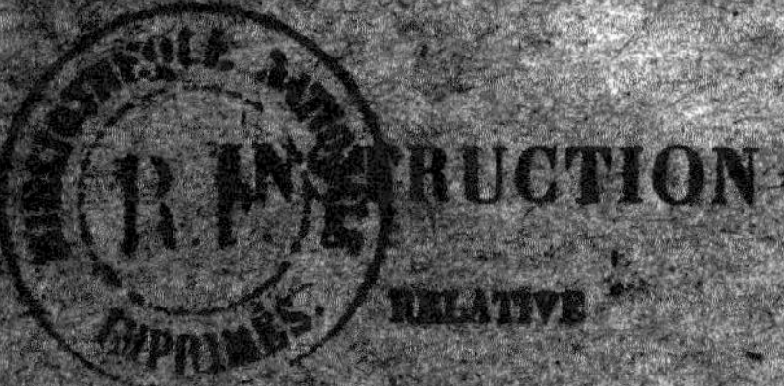

INSTRUCTION

RELATIVE

AUX BONS DE LA DÉFENSE NATIONALE

À 5 FRANCS ET À 20 FRANCS

MISE EN EXÉCUTION DU DÉCRET DU 10 AOÛT 1915

MINISTÈRE DU COMMERCE, DE L'INDUSTRIE,

DES POSTES ET DES TÉLÉGRAPHES

POSTES ET TÉLÉGRAPHES

DIRECTION DE LA COMPTABILITÉ. — 1er BUREAU

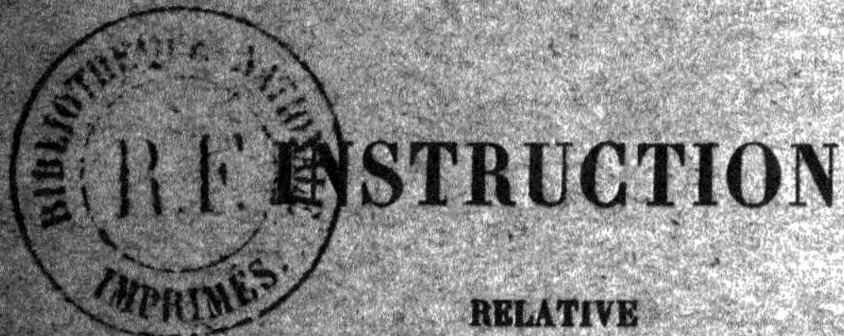

INSTRUCTION

RELATIVE

AUX BONS DE LA DÉFENSE NATIONALE

À **5** FRANCS ET À **20** FRANCS

ÉMIS EN EXÉCUTION DU DÉCRET DU 10 AOÛT 1915

PARIS

IMPRIMERIE NATIONALE

AOÛT 1915

INDEX.

I. — OPÉRATIONS DE L'AGENT COMPTABLE.

II. — OPÉRATIONS SPÉCIALES DES RECEVEURS PRINCIPAUX AGISSANT COMME COMPTABLES DÉPARTEMENTAUX.

III. — OPÉRATIONS COMMUNES À TOUS LES RECEVEURS Y COMPRIS LES RECEVEURS PRINCIPAUX.

INSTRUCTION

RELATIVE AUX BONS DE LA DÉFENSE NATIONALE

À 5 FRANCS ET À 20 FRANCS

ÉMIS EN EXÉCUTION DU DÉCRET DU 10 AOÛT 1915.

I. — OPÉRATIONS DE L'AGENT COMPTABLE.

Art. 1er. — L'agent comptable des timbres-poste, chargé par le décret du 10 août 1915 des fonctions d'agent comptable des Bons de la Défense nationale à 5 francs et à 20 francs, reçoit, pour le compte de la Caisse centrale du Trésor public, les Bons à émettre, les prend en charge, en donne reçu au caissier payeur central, et les répartit entre les receveurs principaux des Postes et des Télégraphes.

Il demeure placé, pour l'exécution de ce service, sous l'autorité de l'ingénieur en chef chargé de la direction du Dépôt central du matériel et de l'agence comptable des timbres-poste.

Il fait les envois aux receveurs principaux, soit d'après les demandes que ceux-ci lui adressent (voir art. 11), soit d'après les états de répartition dressés par l'Administration centrale des Postes et des Télégraphes (Direction de la comptabilité, 1er bureau).

Il joint à chaque expédition une lettre d'envoi indiquant en détail pour chacune des deux catégories de Bons (à 5 fr. et à 20 fr.), le nombre des carnets de Bons contenus dans l'envoi, ainsi que les séries et les numéros des Bons.

Il avise de cet envoi le directeur départemental dont relève le receveur principal destinataire.

Il vérifie l'accusé de réception et le certificat de prise en charge au compte-matières que lui adresse le receveur principal (voir art. 12). S'il n'y a pas concordance entre les chiffres de l'accusé de réception et ceux de la lettre d'envoi, l'accusé de réception doit être accompagné d'un procès-verbal signé par le receveur principal et le ou les agents vérificateurs et exposant les constatations faites à l'arrivée du paquet (voir art. 12).

Si l'accord ne peut s'établir entre le receveur principal et lui, il en réfère à l'ingénieur en chef chargé de la direction du Dépôt central du matériel et de l'agence comptable des Timbres-poste, qui saisit de l'affaire l'Administration centrale, sous le timbre de la Direction de la comptabilité, 1er bureau.

Art. 2. — L'agent comptable tient un **compte-matières** des Bons dont il prend livraison et dont il fait la répartition entre les receveurs principaux.

Ce compte, qui est établi en matières et en valeurs, comprend :

Les entrées, inscrites au fur et à mesure des réceptions de *Bons à émettre* livrés par le caissier payeur central du Trésor (voir art. 1er), et des rentrées de *Bons non émis* renvoyés par les receveurs principaux (voir art. 9, 19 et 30).

Les sorties, inscrites au fur et à mesure des envois de *Bons à émettre* [illegible] receveurs principaux (voir art. 1er), et des renvois de *Bons* non émis [illegible] caissier payeur central du Trésor (voir art. 9).

Les inscriptions d'entrée et de sortie sont faites sous forme de récapitul[ation] de toutes les opérations de même nature effectuées dans une même journée.

Les entrées sont justifiées :

Pour les *Bons à émettre*, par des bordereaux valant ordres d'entrée [illegible] datés et signés par le caissier payeur central du Trésor ou par son [illegible] visés au contrôle ;

Pour les *Bons non émis*, par des ordres d'entrée établis, datés et signés [par] l'ingénieur en chef sur le vu des états descriptifs dressés par les receveurs prin-cipaux et récapitulés par l'agent comptable (voir art. 9).

Les sorties sont justifiées :

Pour les *Bons à émettre*, par des ordres de sortie établis, datés et signés [par] l'ingénieur en chef sur le vu des demandes transmises par les receveurs prin-cipaux (voir art. 11), ou des instructions administratives prescrivant une répar-tition d'office ; —

Pour les *Bons non émis*, par des ordres de sortie établis, datés et signés [par] l'ingénieur en chef sur le vu des états descriptifs dressés par les receveurs prin-cipaux et récapitulés par l'agent comptable (voir art. 9).

Les inscriptions faites au compte-matières sont totalisées à la fin de chaque mois, et les totaux mensuels sont additionnés avec les totaux antérieurs depuis le commencement de l'émission.

Art. 3. — Au fur et à mesure des expéditions faites par lui aux receveurs principaux, l'agent comptable dresse un un répertoire des Bons par série, avec indication, pour chaque série ou fraction de série, de la recette principale à laquelle elle a été envoyée.

S'il arrive que, pour répondre à un besoin urgent, une cession de ce[rtains] Bons soit exceptionnellement faite entre deux départements, il en est [avisé par] les deux receveurs principaux intéressés (voir art. 14 et 27), qui lui indi[quent la] série et les numéros des Bons cédés. Il rectifie le répertoire en consé[quence].

Art. 4. — L'agent comptable ouvre un compte à chaque receveur prin[cipal]. Il y inscrit en entrée les quantités et les valeurs de chaque envoi fait au receveur principal. Il y inscrit en sortie : 1° pour chaque quinzaine, les quantités et les valeurs des Bons émis, d'après les bordereaux d'émission récapitulatifs prévus à l'article 16 ci-après ; 2° les quantités et les valeurs des Bons non émis qui lui sont renvoyés par le receveur principal (voir art. 9 et 27).

Les rectifications provenant de cessions exceptionnelles de certains Bons entre départements (voir art. 14 et 27) donnent lieu à l'inscription en entrée ou en sortie, suivant le cas.

Art. 5. — Lorsque l'agent comptable reçoit des receveurs principaux les bor-dereaux d'émission récapitulatifs de quinzaine prévus à l'article 16, il établit en triple expédition un bordereau général d'émission pour la quinzaine, dont les chiffres sont additionnés avec ceux des quinzaines précédentes depuis le commencement de l'émission. Il envoie deux des expéditions de ce bordereau au caissier payeur central du Trésor et la troisième expédition au contrôleur central du Trésor.

Après avoir rapproché les chiffres du bordereau des déclarations de versement transmises à la caisse centrale par les trésoriers-payeurs généraux, le caissier payeur central approuve ou modifie le montant de l'émission indiqué pour la quinzaine et renvoie à l'agent comptable une expédition du bordereau accompagné d'un récépissé pour le montant de la valeur acceptée.

L'agent comptable fait alors dépense du montant du récépissé du caissier payeur central, conformément aux dispositions de l'article 6.

ART. 6. — L'agent comptable tient un **compte-deniers** qui est servi dans les conditions indiquées ci-après :

1° Il inscrit en recette, à un compte intitulé : *Caissier payeur central, Son compte de Bons à émettre*, la valeur des Bons dont il a donné reçu au caissier payeur central.

Il inscrit en dépense, à un compte intitulé : *Receveurs principaux des Postes et des Télégraphes, L/Compte de Bons à émettre*, la valeur des Bons qu'il expédie aux receveurs principaux.

La recette est justifiée par un duplicata du récépissé délivré au Caissier payeur central. La dépense est justifiée par les certificats de prise en charge au sommier n° 1101 que les receveurs principaux envoient à l'Agent comptable (voir art. 12).

2° Il inscrit en recette, à un compte intitulé : *Receveurs principaux des Postes et des Télégraphes, L/Compte de Bons émis*, le montant du bordereau général d'émission de la quinzaine accepté par le Caissier payeur central (voir art. 5), ainsi que la valeur des Bons non émis qui lui sont renvoyés par les receveurs principaux (voir art. 9).

Il inscrit les mêmes sommes en dépense à un compte intitulé : *Caissier payeur central, S/Compte de Bons émis*.

Les recettes sont justifiées par le bordereau général d'émission de la quinzaine revêtu de l'acceptation du Caissier payeur central (voir art. 5), et par l'ordre de recette délivré par l'Ingénieur en chef sur le vu des états descriptifs des Bons non émis transmis par les receveurs principaux et récapitulés par l'Agent comptable (voir art. 9). Les dépenses sont justifiées par les récépissés délivrés par le Caissier payeur central (voir art. 5 et 9).

3° Tous les chiffres du compte-deniers sont totalisés par mois et les totaux mensuels sont additionnés avec les totaux des mois précédents depuis le commencement de l'émission.

ART. 7. — L'Agent comptable établit, en quatre expéditions, la situation de ses comptes au dernier jour de chaque mois.

La **situation mensuelle** contient, pour chacune des deux catégories de Bons (à 5 fr. et à 20 fr.), la récapitulation des opérations effectuées pendant le mois, le rappel des opérations des mois antérieurs et le total des opérations depuis le commencement de l'émission.

L'une des expéditions de la situation mensuelle est envoyée par l'Agent comptable à la Direction générale de la Comptabilité publique, la seconde à la Direction du Mouvement général des Fonds, la troisième au Caissier payeur central, la quatrième à l'Administration centrale des Postes et des Télégraphes (Direction de la Comptabilité, 1ᵉʳ Bureau).

ART. 8. — Le 31 décembre de chaque année, et le jour de la clôture définitive de l'émission, l'Agent comptable établit un **compte de gestion** en quantités et en valeurs destiné à être soumis à la Cour des Comptes.

Ce compte de gestion indique : 1° l'existant au 1ᵉʳ janvier de l'année qui finit ; 2° les entrées effectuées au cours de l'année, récapitulées par mois ; 3° le total de l'existant au 1ᵉʳ janvier et des entrées de l'année ; 4° les sorties

effectuées au cours de l'année récapitulées par mois. Le total des sorties
déduit du total de l'existant au 1ᵉʳ janvier et des entrées et fait apparaître l'e
tant au jour de l'établissement du compte.

S'il y a concordance absolue entre les quantités existant réellement en app
visionnement chez l'Agent comptable et les chiffres accusés par le compte
gestion, il n'y a pas lieu d'établir un inventaire séparé. L'Agent comptable
tifie que les indications de son compte de gestion sont sincères et que l'exist
qui s'en dégage est conforme aux quantités réellement constatées après inve
taire. Ses déclarations sont visées pour contrôle par l'Ingénieur en chef cha
de la direction du Dépôt central du matériel et de l'Agence comptable
timbres-poste.

S'il y a discordance entre les chiffres du compte de gestion et l'existant r
il est dressé un inventaire séparé de l'existant réel et cet inventaire est joint
compte de gestion avec les explications fournies par l'Agent comptable.

Le compte de gestion est adressé au Ministre des Finances (Direction géné
de la Comptabilité publique, Bureau des receveurs des Administrations fina
cières) avec les ordres d'entrée et les ordres de sortie. Le Ministre des Finan
le transmet à la Cour des Comptes.

Aʀᴛ. 9. — Lorsque l'Agent comptable reçoit des receveurs principaux
Bons non émis (carnets complets et carnets entamés) accompagnés d'un
descriptif (voir art. 19), il leur en accuse réception ; puis il inscrit le nom
et la valeur de ces Bons en sortie au compte ouvert à chaque receveur princi
(voir art. 4).

L'Agent comptable opère ensuite le classement par séries et par numéros
tous les Bons non émis, sans distinction de départements et de bureaux, et il
dresse un **état descriptif** en double expédition.

Après s'être assuré de la concordance entre l'état descriptif dressé par l'Ag
comptable et ceux des receveurs principaux, l'Ingénieur en chef déliv
l'Agent comptable un ordre d'entrée et un ordre de sortie pour le comp
matières (voir art. 2) et un ordre de recette pour le compte-deniers (voir art.
Les Bons non émis, accompagnés d'une expédition de l'état descriptif,
envoyés au Caissier payeur central qui en donne reçu à l'Agent comptable.

Une expédition de l'état descriptif des Bons non émis est envoyée par l'Ag
comptable au Contrôleur central du Trésor.

L'Agent comptable inscrit en entrée et en sortie à son compte-matières
Bons non émis (voir art. 2) ; il en inscrit la valeur en recette et en dépens
son compte-deniers (voir art. 6).

II. — OPÉRATIONS SPÉCIALES DES RECEVEURS PRINCIPAUX
AGISSANT COMME COMPTABLES DÉPARTEMENTAUX.

Aʀᴛ. 10. — Le receveur principal de chaque département prend en charg
totalité des carnets de Bons qu'il reçoit de l'Agent comptable pour tous les
reaux du département y compris le sien, et en accuse réception à l'Ag
comptable (voir art. 12).

Il effectue la répartition des carnets de Bons entre les bureaux, soit d'ap
leurs demandes (voir art. 28), soit d'après les indications qui lui sont fourn
pour une répartition d'office.

Il joint à chaque expédition une lettre d'envoi indiquant en détail, pour
cune des deux catégories de Bons (5 francs et 20 francs), le nombre des car
de Bons contenus dans l'envoi, ainsi que les séries et les numéros des Bons

Il avise le Directeur départemental de cet envoi.

Il vérifie l'accusé de réception que lui adresse chaque receveur destinataire. S'il n'y a pas concordance entre les chiffres de l'accusé de réception et ceux de la lettre d'envoi, l'accusé de réception doit être accompagné d'un procès-verbal signé par le receveur et le ou les agents vérificateurs et exposant les constatations faites à l'arrivée du paquet.

Si l'accord ne peut s'établir entre le receveur destinataire et lui, il en réfère au directeur départemental qui, au besoin, saisit de l'affaire l'Administration centrale, sous le timbre de la Direction de la Comptabilité, 1ᵉʳ bureau.

ART. 11. — Le receveur principal centralise et récapitule les demandes de tous les bureaux du département (voir art. 28) et établit la demande récapitulative en deux expéditions dont l'une est adressée au directeur départemental pour les besoins du contrôle, et l'autre à l'agent comptable.

Sauf en cas de besoins exceptionnels et urgents, il n'adresse à l'agent comptable que deux demandes par mois, le 5 et le 20 de chaque mois.

ART. 12. — La vérification des envois reçus de l'agent comptable est faite dans les mêmes conditions que la vérification de toutes les valeurs fiduciaires. Si des différences quelconques sont constatées entre le contenu de l'envoi et les indications de la lettre d'envoi, les constatations donnent lieu à l'établissement d'un procès-verbal spécial signé par le receveur principal et le ou les agents vérificateurs.

L'accusé de réception qui contient le certificat de prise en charge au compte-matières du département (voir art. 13), est envoyé à l'agent comptable dans le plus court délai, accompagné d'une expédition du certificat de prise en charge au sommier des recettes n° 1101 prévu à l'article 22. Éventuellement, le procès-verbal exposant les différences constatées est annexé à cet envoi.

ART. 13. — Le receveur principal tient le compte-matières des Bons de la Défense nationale à 5 francs et à 20 francs pour le département.

Ce compte, qui est établi en quantités et en valeurs, comprend :

Les entrées, inscrites aussitôt après vérification de chaque envoi de Bons à émettre reçu de l'agent comptable, et de chaque envoi de Bons non émis rendus par les receveurs (voir art. 30) ;

Les sorties, inscrites au fur et à mesure des expéditions des Bons à émettre faites aux receveurs et des renvois de Bons émis à l'agent comptable (voir art. 9, 19 et 30).

Les inscriptions d'entrée et de sortie sont faites sous forme de récapitulation de toutes les opérations effectuées dans une même journée.

Tous les Bons qui ne sont pas envoyés aux autres bureaux du département donnent lieu à une inscription en sortie au profit de la recette principale, afin que le compte-matières du département soit soldé à égalité.

Les entrées sont justifiées :

Pour les Bons à émettre, par les états descriptifs de l'agent comptable (voir art. 1ᵉʳ) ;

Pour les Bons non émis, par les lettres d'envoi des receveurs (voir art. 30).

Les sorties sont justifiées :

Pour les Bons à émettre, par les accusés de réception des receveurs (voir art. 30) ;

Pour les Bons non émis, par l'accusé de réception de l'agent comptable (voir art. 9 et 19).

Les cessions de carnets de Bons qui, *à titre exceptionnel*, peuvent être faites de département à département (voir art. 14 et 27) donnent lieu à une inscription en sortie dans le compte-matières du département qui cède et à une inscription en entrée dans le compte-matières du département auquel les carnets sont cédés. Ces inscriptions sont justifiées par les autorisations de sortie et d'entrée signées par les directeurs départementaux pour régularisation de la cession faite (voir art. 27).

Les inscriptions faites au compte-matières sont totalisées à la fin de chaque mois et les totaux mensuels sont additionnés avec les totaux antérieurs depuis le commencement de l'émission.

ART. 14. — Au fur et à mesure des expéditions faites par lui aux bureaux du département, y compris le sien, le receveur principal dresse un répertoire des Bons par séries, avec indication, pour chaque série ou fraction de série, du bureau auquel elle a été attribuée. Il envoie copie de ce répertoire au Directeur départemental.

S'il arrive que, pour répondre à un besoin urgent, une cession de carnets de Bons soit exceptionnellement faite entre le receveur principal et l'un ses collègues, receveur principal d'un autre département (voir art. 27), il rectifie en conséquence le répertoire du département et signale immédiatement cette rectification à l'agent comptable, à Paris, ainsi qu'au Directeur départemental, en leur indiquant la série et les numéros des Bons cédés et les noms des deux départements entre lesquels la cession a été faite.

Il agit de même lorsqu'il est avisé d'une cession entre deux bureaux du département (voir art. 27) ; mais il n'a pas à en aviser l'agent comptable.

ART. 15. — Le receveur principal ouvre au sommier des recettes n° 1101, dans les opérations de trésorerie, un compte spécial intitulé : *Bons de la défense nationale à 5 francs et à 20 francs* et divisé en deux articles auxquels il donne les numéros 42 et 42 bis.

L'article 42 est intitulé : *Bons à émettre* ; le receveur principal y inscrit la valeur brute totale des Bons reçus de l'agent comptable au moment même où il les prend en charge au compte-matières ; il en déduit, ultérieurement, la valeur brute totale des Bons répartis par lui entre les autres receveurs du département, de façon à ne faire entrer dans son encaisse que la valeur brute des Bons gardés pour son bureau ; il y ajoute, le cas échéant, la valeur brute des Bons non émis qui lui ont été rendus par les receveurs (voir art. 30).

L'article 42 bis est intitulé : *Remises allouées pour le placement des Bons* ; le receveur principal y inscrit le montant des remises allouées sur le produit de l'émission (voir art. 16 et 17).

Le receveur principal ouvre au sommier des dépenses n° 1102, dans les opérations de trésorerie, un compte spécial, correspondant au compte de recettes visé ci-dessus et portant le même titre. Ce compte est aussi divisé en deux articles numérotés 42 et 42 bis. L'article 42, intitulé *Bons émis*, est affecté à l'inscription du montant des versements effectués à la Trésorerie générale du département (voir art. 17), et à l'inscription de la valeur brute des Bons non émis renvoyés à l'agent comptable (voir art. 9 et 19); l'article 42 bis, intitulé *Remises allouées pour le placement des Bons*, est affecté à l'inscription du montant des remises acquises sur le produit de l'émission (voir art. 28 et 29).

ART. 16. — Le 1ᵉʳ et le 16 de chaque mois, le receveur principal dresse, au moyen des bordereaux d'émission de quinzaine de tous les bureaux du département y compris le sien (voir art. 25), le bordereau d'émission récapitulatif de la quinzaine qui vient de s'écouler.

Ce bordereau, qui est dressé en quatre expéditions, fait ressortir le nombre et la valeur brute des Bons émis pour chacune des deux catégories (à 5 francs et à 20 francs). Le montant de la remise acquise aux bureaux du département (o fr. 25 pour 100 francs), et la valeur nette des Bons émis.

L'une des expéditions de ce bordereau est destinée au trésorier-payeur général du département, à qui le receveur principal la remet en même temps qu'il lui verse le montant du produit de l'émission (voir art. 17); la seconde est soumise au directeur départemental, qui la renvoie au receveur principal avec l'autorisation d'inscrire en recette le montant de la remise acquise aux bureaux du département (voir art. 17); la troisième est envoyée au contrôleur central du Trésor public (Ministère des finances); la quatrième est destinée à l'agent comptable (voir art. 17).

ART. 17. — Le receveur principal verse au trésorier-payeur général du département (1) le montant net du produit de l'émission de la quinzaine et lui remet en même temps le bordereau récapitulatif sur lequel il donne acquit du montant de la remise due aux bureaux du département; cet acquit, qui constitue une simple opération d'ordre, n'est pas assujetti au timbre-quittance.

Il reçoit du trésorier-payeur général, pour le montant brut du produit de l'émission, un récépissé série B mentionnant l'objet du versement (Produit de l'émission de Bons de la Défense nationale à 5 francs et à 20 francs) [2].

Il inscrit en dépense à l'article 42 de son sommier n° 1102 le montant du récépissé de versement (montant brut du produit de l'émission) et met ce récépissé à l'appui de son opération.

Il complète la quatrième expédition de son bordereau d'émission récapitulatif (voir art. 16) par l'inscription de la date du versement et envoie ce bordereau à l'agent comptable.

Il inscrit en recette à l'article 42 *bis* de son sommier n° 1101 le montant de la remise dont il a donné acquit, et met à l'appui de cette opération l'expédition du bordereau récapitulatif revêtue de l'autorisation du directeur départemental (voir art. 16).

ART. 18. — Le receveur principal centralise les carnets dont tous les Bons ont été émis et qui ne contiennent plus que les talons.

Tous les bureaux du département lui envoient, dans les premiers jours de chaque mois, les carnets consommés au cours du mois précédent (voir art. 29); il leur en accuse réception.

Il vérifie si tous les talons de chaque carnet sont restés adhérents et s'ils ont bien été revêtus de l'empreinte du timbre à date, de l'indication manuscrite de la date de l'émission, et de la signature de l'agent qui a émis le Bon. Il signale par lettre spéciale au directeur départemental les irrégularités qu'il constate, afin qu'elles soient réparées si la chose est possible.

Il classe les carnets par séries, et par numéros dans chaque série, sans distinction de bureaux, et les envoie le 10 de chaque mois au contrôleur central du Trésor (Ministère des Finances). Il joint à cet envoi un état descriptif en

---

(1) Dans les départements du Finistère et du Var, les receveurs principaux des Postes et des Télégraphes effectuent leurs versements aux recettes des finances de Quimper et de Draguignan.

(2) La caisse centrale du Trésor est avisée de ce versement par le trésorier-payeur général qui lui envoie, avec une déclaration de versement, le bordereau récapitulatif remis par le receveur principal.

deux expéditions dont l'une lui est renvoyée, à titre d'accusé de réception, revêtue de la signature du contrôleur central du Trésor ou de son délégué. L'état descriptif doit mentionner les irrégularités qui n'ont pu être réparées.

Art. 19. — Les Bons non émis (carnets complets ou carnets entamés) sont centralisés par le receveur principal (voir art. 30), qui, après avoir vérifié les envois et s'être assuré que chaque Bon non émis est resté adhérent au talon, en accuse réception au receveur expéditeur.

Le receveur principal inscrit en entrée au compte-matières du département (voir art. 13) le nombre et la valeur des Bons non émis de chacune des deux catégories (à 5 francs et à 20 francs). Il en inscrit en même temps la valeur en recette à l'article 42 de son sommier n° 1101 (voir art. 15).

Il classe les carnets par séries et par numéros, sans distinction de bureaux, et les envoie, avec un état descriptif, à l'agent comptable qui lui en accuse réception.

Il inscrit alors en sortie au compte-matières du département (voir art. 13) le nombre et la valeur des Bons non émis de chacune des deux catégories (à 5 francs et à 20 francs) et il inscrit la valeur de ces Bons en dépense à l'article 42 de son sommier n° 1102 (voir art. 15).

III. — OPÉRATIONS COMMUNES À TOUS LES RECEVEURS, Y COMPRIS LES RECEVEURS PRINCIPAUX.

Art. 20. — Dès la réception d'un envoi de Bons de la Défense nationale à 5 francs et à 20 francs, le receveur procède à la vérification du contenu de cet envoi dans les mêmes conditions que pour toutes les valeurs fiduciaires. Si des différences quelconques sont constatées entre le contenu de l'envoi et les indications de la lettre d'envoi, les constatations donnent lieu à l'établissement d'un procès-verbal signé par le receveur et le ou les agents vérificateurs.

L'accusé de réception et, éventuellement, le procès-verbal sont adressés au receveur principal dans le plus court délai.

Art. 21. — Le receveur ouvre au sommier des recettes n° 1101, dans les opérations de trésorerie, un compte spécial intitulé *Bons de la Défense nationale à 5 francs et à 20 francs*, et divisé en deux articles auxquels il donne les numéros 42 et 42 *bis*. L'article 42 est intitulé *Bons à émettre;* le receveur y inscrit la valeur brute des Bons reçus du receveur principal. L'article 42 *bis* est intitulé *Remises allouées pour le placement des Bons;* il n'est servi que par le receveur principal (voir art. 15, 16 et 17).

Il ouvre au sommier des dépenses n° 1102, dans les opérations de trésorerie, un compte spécial correspondant au compte de recettes visé ci-dessus et portant le même titre. Ce compte est divisé en deux articles numérotés 42 et 42 *bis*. L'article 42, intitulé *Bons émis*, n'est servi que par le receveur principal (voir art. 15, 16 et 17). L'article 42 *bis* intitulé *Remises allouées pour le placement des Bons*, est affecté à l'inscription du montant des remises acquises sur le produit de l'émission (voir art. 26 et 39).

Art. 22. — Le jour même de l'inscription, à l'article 42 du sommier des recettes, de la valeur brute des Bons constituant l'approvisionnement de son bureau, le receveur adresse au Directeur départemental un certificat de prise en charge indiquant le nombre et la valeur des Bons de chacune des deux catégories (5 fr. et 20 fr.). Les receveurs principaux établissent ce certificat en deux expéditions dont l'une est envoyée par eux à l'agent comptable (voir art. 12).

Art. 23. — Tous les bons à 5 francs et à 20 francs sont «au porteur» et sont délivrés sans qu'il y ait lieu de demander le nom du souscripteur. Ils sont émis contre versement de leur valeur brute, les intérêts ne devant être payés qu'à terme échu.

Avant de détacher le Bon du talon, le receveur appose sur le talon et sur le bon l'empreinte du timbre à date de son bureau, inscrit à la main la même date sur chacune des deux pièces, et appose sa signature sur le talon.

Il est expressément recommandé de faire en sorte que la date imprimée par l'apposition du timbre et la date manuscrite soient très lisibles et concordantes; c'est, en effet, la date de délivrance du Bon qui fixe le point de départ des intérêts et la date, de l'échéance.

Art. 24. — Le receveur tient un **carnet d'émission** des Bons de la Défense nationale à 5 francs et à 20 francs, sur lequel il inscrit au jour le jour le nombre et la valeur des Bons de chacune des deux catégories qu'il a émis dans la journée. Les chiffres de ce carnet sont additionnés à la fin de chaque quinzaine c'est-à-dire à la clôture du soir le 15 et le dernier jour de chaque mois. Les totaux de chaque quinzaine sont additionnés avec les totaux des quinzaines précédentes depuis le commencement de l'émission.

Art. 25. — Le 1ᵉʳ et le 16 de chaque mois, le receveur dresse, d'après son carnet d'émission, le **bordereau d'émission de quinzaine** des Bons de la Défense nationale à 5 francs et à 20 francs, indiquant pour chacune des deux catégories, le nombre et la valeur brute des Bons émis, le montant de la remise de 0 fr. 25 pour 100 francs correspondante, et le produit net de l'émission.

Ce bordereau est dressé en trois expéditions. La première expédition est adressée au receveur principal chargé d'établir le bordereau d'émission récapitulatif de la quinzaine pour le département; les deux autres sont adressées au Directeur départemental qui en garde une pour le contrôle et renvoie l'autre au receveur avec l'autorisation d'inscrire en dépense le montant de la remise (voir art. 39).

Art. 26. — Au retour de l'expédition du bordereau d'émission de la quinzaine revêtue par le Directeur départemental de l'autorisation d'inscrire en dépense le montant de la remise correspondante, le receveur inscrit le montant de cette remise à l'article 42 *bis* des dépenses, au sommier n° 1102.

La remise est ensuite partagée entre le receveur et les agents du bureau dans les mêmes conditions que la remise sur la vente des timbres-poste, après déduction, toutefois, de la remise revenant aux facteurs-receveurs dont les établissements sont rattachés au bureau (voir art. 35).

Art. 27. — En principe, les cessions de carnets de Bons de bureau à bureau doivent être évitées. Toutefois, s'il arrive que, pour répondre à un besoin urgent, une cession de carnets de Bons soit demandée au receveur par un de ses collègues, il peut, à titre exceptionnel, y donner satisfaction sous réserve d'une régularisation aussi prompte que possible de la cession dans les conditions indiquées ci-après.

Lorsque la cession a lieu entre deux receveurs principaux, c'est-à-dire entre deux départements, elle donne lieu non seulement aux inscriptions aux comptes-matières et aux répertoires des deux départements prescrites par les articles 3, 4, 13 et 14, mais encore aux opérations prescrites par l'alinéa suivant.

Que la cession ait lieu entre deux départements ou entre deux bureaux d'un même département, le receveur qui cède les carnets de Bons déduit la valeur brute de ces carnets du montant de ses prises en charge dans sa comptabilité-deniers, c'est-à-dire du montant des sommes inscrites à son sommier de recettes n° 1101, art. 42 des opérations de trésorerie; le receveur à qui les carnets sont cédés ajoute la valeur brute de ces carnets au montant de ses prises en charge dans sa comptabilité-deniers (même article du sommier n° 1101).

Chacun des deux receveurs adresse simultanément à son Directeur départemental et au receveur principal de son département un état indiquant la catégorie des carnets cédés (carnets de Bons à 5 francs, carnets de Bons à 20 francs) les séries et les numéros des Bons et leur valeur brute. Cet état est adressé en deux expéditions au Directeur départemental qui renvoie l'une des expéditions au receveur après y avoir apposé sa signature pour régularisation de l'opération effectuée (voir art. 37).

ART. 28. — Le receveur veille à ce que son approvisionnement de Bons reste en rapport avec les besoins de son bureau et des établissements de facteur-receveur qui y sont rattachés.

Quinze jours avant celui où il y a lieu de prévoir que cet approvisionnement sera épuisé, le receveur fait une demande de carnets correspondant aux besoins présumés pour une période de quinze jours.

La demande est établie en deux expéditions, dont l'une est adressée au receveur principal et l'autre au Directeur départemental pour le contrôle.

ART. 29. — Les carnets dont tous les Bons ont été émis et qui ne contiennent plus que les talons sont conservés dans chaque bureau seulement jusqu'à l'expiration du mois pendant lequel le dernier Bon a été détaché. Dans les cinq premiers jours de chaque mois, le receveur envoie au receveur principal les carnets consommés pendant le mois précédent. Il classe ses carnets par séries et par numéros dans chaque série et y joint un état descriptif dont il garde copie

ART. 30. — À la clôture de l'émission, le receveur classe les carnets de Bons non émis (carnets complets et carnets entamés) par séries et par numéros dans chaque série et les envoie au receveur principal avec un état descriptif dont il garde copie.

La valeur brute des Bons non émis est inscrite en dépense à l'article 42 du sommier n° 1102.

IV. — OPÉRATIONS DES FACTEURS-RECEVEURS.

ART. 31. — Toutes les opérations effectuées par le facteur-receveur pour le service des Bons de la Défense nationale sont incorporées dans la comptabilité du receveur du bureau d'attache, qui exerce sur ces opérations la même surveillance que sur toutes les autres parties du service du facteur-receveur.

ART. 32. — Le facteur-receveur reçoit en dépôt du receveur dont il relève deux carnets de Bons à 5 francs et deux carnets de Bons à 20 francs.

Aussitôt que l'un de ces carnets est épuisé, il le remet au receveur dont il relève en échange d'un carnet neuf.

La valeur brute des carnets de Bons confiés au facteur-receveur s'ajoute à l'avance fixe faite à ce sous-agent par le receveur du bureau d'attache.

ART. 33. — Le facteur-receveur se conforme strictement, pour l'émission des,

Bons à 5 francs et à 20 francs, aux prescriptions de l'article 23 de la présente instruction.

ART. 34. — Le facteur-receveur inscrit à son livre-journal de caisse n° 1264 et à sa situation journalière n° 1264 *bis* la valeur brute des Bons émis par lui. Cette inscription est faite dans la partie « recettes », à la suite des opérations d'épargne et comporte deux articles, l'un pour les Bons à 5 francs, l'autre pour les Bons à 20 francs.

En outre, il indique séparément dans le « reste en caisse » de sa situation journalière n° 1264 *bis*, la valeur brute des Bons à 5 francs et celle des Bons à 20 francs qui lui restent en approvisionnement.

ART. 35. — La remise de 0 fr. 25 pour 100 francs est intégralement allouée au facteur-receveur sur le montant des sommes encaissées par lui pour l'émission des Bons de la Défense nationale à 5 francs et à 20 francs.

Le montant de cette remise lui est payé par le receveur dont il relève, le jour où est effectuée la répartition des remises acquises au bureau d'attache.

V — CONTRÔLE DES DIRECTEURS DÉPARTEMENTAUX.

ART. 36. — L'action du Directeur départemental (direction et contrôle) s'exerce sur toutes les opérations relatives aux Bons de la Défense nationale à 5 francs et à 20 francs comme sur les autres opérations des receveurs et des facteurs-receveurs de son département.

Cette action, que le Directeur départemental exerce par lui-même et par l'intermédiaire des Inspecteurs placés sous ses ordres, doit se faire sentir en particulier dans l'organisation et la surveillance de la comptabilité-matières et de la comptabilité-deniers.

ART. 37. — Le Directeur départemental veille à ce que le compte-matières tenu par le receveur principal pour tout le département (voir art. 13) soit exactement servi.

Il reçoit du receveur principal le répertoire indiquant la répartition des carnets de Bons entre les bureaux du département (voir art. 14) et tient ce répertoire au courant des modifications qui lui sont signalées par les receveurs (voir art. 14 et 27) quand rien ne s'oppose à ce que ces modifications soient approuvées par lui pour régularisation.

ART. 38. — Au moyen des indications du répertoire par bureau, que lui fournit le receveur principal, ainsi que des certificats de prise en charge et des bordereaux d'émission que lui adressent tous les receveurs y compris le receveur principal (voir art. 22 et 25), le Directeur départemental ouvre un compte à chaque bureau du département.

Ce compte est débité de toutes les prises en charge, modifiées, le cas échéant, par les cessions de carnets de Bons (voir art. 14, 27 et 37); il est crédité de la valeur des Bons émis, de façon à faire apparaître à tout moment l'existant au bureau et à permettre le contrôle des demandes de réapprovisionnement.

ART. 39. — L'inscription en dépense du montant de la remise allouée sur le produit de l'émission est subordonnée à l'autorisation du Directeur départemental (voir art. 26). Il donne cette autorisation en remplissant, datant et signant la mention qui se trouve au bas du bordereau d'émission de quinzaine et en renvoyant ce bordereau au receveur intéressé.

Art. 40. — Les inspecteurs, au cours de leurs tournées, font porter leurs investigations sur tout ce qui concerne les Bons de la Défense nationale, et renseignent le Directeur départemental sur toutes les constatations qu'ils ont pu faire.

Paris, le 19 août 1915.

Le Ministre du Commerce,
de l'Industrie,
des Postes et des Télégraphes,

Gaston Thomson.

ANNEXES

LEFT PART

POSTES ET TÉLÉGRAPHES.

RÉPUBLIQUE FRANÇAISE.

Bons de la Défense nationale à 5 francs et à **20** francs.

DIRECTION DE LA COMPTABILITÉ.

LETTRE D'ENVOI
DE CARNETS DE BONS DE LA DÉFENSE NATIONALE.

Formule n° 1. →
1re Partie.

1er BUREAU.

M.................., des postes et télégraphes..................

d.................. trouvera ci-joints :

.... carnets contenant chacun **50** Bons de la Défense nationale, à 5 francs, soit en tout (en lettres) ....

.... bons, dont les numéros sont indiqués ci-après :

Série.......... du numéro.......... inclus, au numéro.......... inclus,
Série.......... du numéro.......... inclus, au numéro.......... inclus,
Série.......... du numéro.......... inclus, au numéro.......... inclus,

et.......... carnets contenant chacun **50** Bons de la Défense nationale, à **20** francs, soit en tout (en lettres) ....

.... bons, dont les numéros sont indiqués ci-après :

Série.......... du numéro.......... inclus, au numéro.......... inclus,
Série.......... du numéro.......... inclus, au numéro.......... inclus,
Série.......... du numéro.......... inclus, au numéro.......... inclus.

A.................., le.................. 191...

(Désignation des fonctions et signature du fonctionnaire expéditeur.)

(Ci-dessous, désignation du service qui utilise la formule.)

DÉPARTEMENT
d..................

SERVICE (a)

RÉSULTAT DE LA VÉRIFICATION.

Nous soussignés déclarons avoir vérifié l'envoi décrit ci-dessus et reconnaissons que cet envoi comprenait :

.... carnets contenant chacun **50** Bons de la Défense nationale, à 5 francs, soit en tout (en lettres) ....

.... bons, dont les numéros sont indiqués ci-après :

Série.......... du numéro.......... inclus, au numéro.......... inclus,
Série.......... du numéro.......... inclus, au numéro.......... inclus,
Série.......... du numéro.......... inclus, au numéro.......... inclus,

et.......... carnets contenant chacun **50** Bons de la Défense nationale, à **20** francs, soit en tout (en lettres) ....

.... bons, dont les numéros sont indiqués ci-après :

Série.......... du numéro.......... inclus, au numéro.......... inclus,
Série.......... du numéro.......... inclus, au numéro.......... inclus,
Série.......... du numéro.......... inclus, au numéro.......... inclus.

A.................., le.................. 191...

(Signature du comptable destinataire et de l'agent qui l'a assisté dans la vérification.)

(a) Agence comptable des Timbres-poste ou Recette principale.

BONS ✳ DE ✳ LA ✳ DÉFENSE ✳ NATIONALE

RIGHT PART

POSTES ET TÉLÉGRAPHES.

DÉPARTEMENT
d..................

RECETTE
d..................

RÉPUBLIQUE FRANÇAISE.

Bons de la Défense nationale à 5 francs et à **20** francs.

Formule n° 1. →
2e Partie.

ACCUSÉ DE RÉCEPTION
ET CERTIFICAT DE PRISE EN CHARGE.

Destiné à M..................

(Désignation des fonctions et de l'adresse du fonctionnaire auquel est destiné cet accusé de réception)

Nous soussignés déclarons avoir vérifié l'envoi décrit dans la lettre d'envoi en date du .... 191...,
et reconnaissons que cet envoi comprenait :

.... carnets contenant chacun **50** Bons de la Défense nationale, à 5 francs, soit en tout (en lettres) ....

.... bons, dont les numéros sont indiqués ci-après :

Série.......... du numéro.......... inclus, au numéro.......... inclus,
Série.......... du numéro.......... inclus, au numéro.......... inclus,
Série.......... du numéro.......... inclus, au numéro.......... inclus,

et.......... carnets contenant chacun **50** Bons de la Défense nationale, à **20** francs, soit en tout (en lettres) ....

.... bons, dont les numéros sont indiqués ci-après :

Série.......... du numéro.......... inclus, au numéro.......... inclus,
Série.......... du numéro.......... inclus, au numéro.......... inclus,
Série.......... du numéro.......... inclus, au numéro.......... inclus.

A.................., le.................. 191...

(Signature du comptable destinataire et de l'agent qui l'a assisté dans la vérification.)

Je certifie avoir pris en charge (1) les Bons de la défense nationale décrits ci-dessus.

A.................., le.................. 191...

Le Receveur,

(1) Le montant ....

POSTES ET TÉLÉGRAPHES.

DIRECTION
DE LA
COMPTABILITÉ
—
1er BUREAU.

DÉPARTEMENT
d_____________

BUREAU
d_____________

RÉPUBLIQUE FRANÇAISE.

COMPTE-MATIÈRES
DES BONS DE LA DÉFENSE NATIONALE
À 5 FRANCS ET À 20 FRANCS.

Bons
de la Défense nationale
à
5 francs et à 20 francs.

Formule n° 2.

	CARNETS DE BONS À 5 FRANCS.					CARNETS DE BONS À 20 FRANCS.					VALEUR		
	NOMBRE.		NUMÉROTAGE.			NOMBRE.		NUMÉROTAGE.			des BONS à 5 francs.	des BONS à 20 francs	TOTALE.
	de carnets.	de bons.	Série.	Premier numéro.	Dernier numéro.	de carnets.	de bons.	Série.	Premier numéro.	Dernier numéro.			
1	2	3	4	5	6	7	8	9	10	11	12	13	14

Même tableau qu'à la 1re page
mais sans en-tête.

Même tableau qu'à la 2ᵉ page.

Même tableau qu'à la 2e page
et à la 3e page.

POSTES ET TÉLÉGRAPHES.

DIRECTION
DE LA
COMPTABILITÉ
—
3ᵉ BUREAU.
—

(Ci-dessous, désigna-
tion du service qui
utilise la formule.)
(A)

....
....
....

(A) Agence comptable
des timbres-poste,
ou
Direction
départementale
....

RÉPUBLIQUE FRANÇAISE.

Bons
de la Défense nationale
à
5 francs et à **20** francs.

Formule n° 3.

COMPTE-MATIÈRES

DES BONS DE LA DÉFENSE NATIONALE

À **5** FRANCS ET À **20** FRANCS.

RÉPERTOIRE.

BONS À 5 FRANCS.			BONS À 20 FRANCS.		
SÉRIES.	NUMÉROS.	DÉPARTEMENTS ou bureaux.	SÉRIES.	NUMÉROS.	DÉPARTEMENTS ou bureaux.
	Du n°...... au n°......	....		Du n°...... au n°......	....
	Du n°...... au n°......	....		Du n°...... au n°......	....
	Du n°...... au n°......	....		Du n°...... au n°......	....
	Du n°...... au n°......	....		Du n°...... au n°......	....
	Du n°...... au n°......	....		Du n°...... au n°......	....
	Du n°...... au n°......	....		Du n°...... au n°......	....
	Du n°...... au n°......	....		Du n°...... au n°......	....
	Du n°...... au n°......	....		Du n°...... au n°......	....
	Du n°...... au n°......	....		Du n°...... au n°......	....
	Du n°...... au n°......	....		Du n°...... au n°......	....
	Du n°...... au n°......	....		Du n°...... au n°......	....
	Du n°...... au n°......	....		Du n°...... au n°......	....
	Du n°...... au n°......	....		Du n°...... au n°......	....
	Du n°...... au n°......	....		Du n°...... au n°......	....
	Du n°...... au n°......	....		Du n°...... au n°......	....
	Du n°...... au n°......	....		Du n°...... au n°......	....
	Du n°...... au n°......	....		Du n°...... au n°......	....
	Du n°...... au n°......	....		Du n°...... au n°......	....
	Du n°...... au n°......	....		Du n°...... au n°......	....
	Du n°...... au n°......	....		Du n°...... au n°......	....
	Du n°...... au n°......	....		Du n°...... au n°......	....
	Du n°...... au n°......	....		Du n°...... au n°......	....
	Du n°...... au n°......	....		Du n°...... au n°......	....

Reproduction du tableau
de la 1re page, sans en-tête.

Reproduction du tableau
de la 1ʳᵉ page, sans en-tête.

Reproduction du tableau
de la 1re page, sans en-tête.

POSTES ET TÉLÉGRAPHES.

DIRECTION
DE LA
COMPTABILITÉ
—
1er BUREAU.

DIRECTION
DÉPARTEMENTALE

RÉPUBLIQUE FRANÇAISE.

Bons
de la Défense nationale
à
5 francs et à 20 francs.

Formule n° 4.

COMPTABILITÉ

DES BONS DE LA DÉFENSE NATIONALE

À 5 FRANCS ET À 20 FRANCS.

Compte ouvert à.......... receveu....... d...

DATES.	NOMBRE		VALEUR		TOTAL.	OBSERVATIONS.
	DES BONS à 5 francs.	DES BONS à 20 francs.	DES BONS à 5 francs.	DES BONS à 20 francs.		

Tableau de la 1re page
sans en-tête.

Tableau de la 1re page
sans en-tête.

Tableau de la 1re page
sans en-tête.

POSTES ET TÉLÉGRAPHES.

DIRECTION
DE LA
COMPTABILITÉ
—
1er BUREAU.

DÉPARTEMENT

BUREAU

RÉPUBLIQUE FRANÇAISE.

CARNET D'ÉMISSION
DES BONS DE LA DÉFENSE NATIONALE
À 5 FRANCS ET À 20 FRANCS.

MOIS DE .... 191 .

Bons
de la Défense nationale
à
5 francs et à 20 francs.
____
Formule n° 5.

DATES du MOIS.	NOMBRE DES BONS ÉMIS.		VALEUR DES BONS ÉMIS.			DATES du MOIS.	NOMBRE DES BONS ÉMIS.		VALEUR DES BONS ÉMIS.		
	Bons à 5 fr.	ons à 20 fr.	Bons à 5 fr.	Bons à 20 fr.	Valeur totale.		Bons à 5 fr.	Bons à 20 fr.	Bons à 5 fr.	ons à 20 fr.	Valeur totale.
1						16					
2						17					
3						18					
4						19					
5						20					
6						21					
7						22					
8						23					
9						24					
10						25					
11						26					
12						27					
13						28					
14						29					
15						30					
						31					
TOTAUX de la quinzaine.						TOTAUX de la quinzaine.					
TOTAUX antérieurs.						TOTAUX antérieurs.					
TOTAUX généraux à reporter.						TOTAUX généraux à reporter.					

Reproduction complète
de la 1re page.

Reproduction complète
de la 1ʳᵉ page.

Reproduction complète
de la 1re page.

POSTES ET TÉLÉGRAPHES.

DIRECTION
DE LA
COMPTABILITÉ.

1er BUREAU.

DÉPARTEMENT

BUREAU

RÉPUBLIQUE FRANÇAISE

BONS DE LA DÉFENSE NATIONALE
À 5 FRANCS ET À 20 FRANCS.

CERTIFICAT DE PRISE EN CHARGE
au compte-deniers.

Bons
de la Défense nationale
à
5 francs et à 20 francs.

Formule n° 6.

Je certifie avoir pris en charge pour leur valeur brute totale, au sommier n° 1101, article 42, les bons de la Défense nationale dont le nombre et la valeur sont indiqués ci-dessous :

NOMBRE		VALEUR		
de bons à 5 francs.	de bons à 20 francs.	des bons à 5 francs.	des bons à 20 francs.	TOTALE.
1	2	3	4	5

A............................, le............................ 191

L...... recev......

Signature

Bons
de la Défense nationale
à
5 francs et à 20 francs

Formule n° 7.

POSTES ET TÉLÉGRAPHES.

DIRECTION
DE LA
COMPTABILITÉ.

1ᵉʳ BUREAU.

DÉPARTEMENT
d...............................

BUREAU
d...............................

(A) Biffer l'indica-
tion ne se rapportant
pas à la quinzaine.

RÉPUBLIQUE FRANÇAISE.

BORDEREAU D'ÉMISSION
DES BONS DE LA DÉFENSE NATIONALE
À 5 FRANCS ET À 20 FRANCS.

ANNÉE 191............ — MOIS D............................

(A) 1ʳᵉ Quinzaine (période du 1ᵉʳ au 15 inclus).

(A) 2ᵉ Quinzaine (période du 16 à la fin du mois).

CATÉGORIE DES BONS VENDUS. 1	NOMBRE DE BONS VENDUS. 2	PRODUIT BRUT DE LA VENTE. 3	REMISE DE 0 FR. 25 pour 100 francs. 4	PRODUIT NET. 5
Bons à 5 francs...............				
Bons à 20 francs...............				
Totaux de la quinzaine........				
Rappel des totaux antérieurs........				
Totaux...............				

Le receveur comprend dans cet État les Bons vendus par les facteurs-receveurs dont l'établissement est rattaché à son bureau.

L........ recev............................

d............................

est autorisé à inscrire en dépense à l'article 42 *bis* du sommier n° 7102 (opérations
de trésorerie) la somme d............................
montant de la remise sur la vente de la
quinzaine.

A ...., le............................

Le Directeur départemental,

A ...., le............................

L........ recev............................

POSTES ET TÉLÉGRAPHES.

DIRECTION
DE LA
COMPTABILITÉ.

1er BUREAU.

DÉPARTEMENT

d.................

RÉPUBLIQUE FRANÇAISE.

BORDEREAU D'ÉMISSION

RÉCAPITULATIF

DES BONS DE LA DÉFENSE NATIONALE

À 5 FRANCS ET À 20 FRANCS

dans tout le département.

Bons
de la Défense nationale
à
5 francs et à 20 francs.

Formule n° 8.

ANNÉE 191......... — MOIS D.....................

(A) Biffer l'indica-
tion ne se rapportant
pas à la quinzaine.

(A) 1re Quinzaine (période du 1er au 15 inclus).

(A) 2e Quinzaine (période du 16 à la fin du mois).

CATÉGORIE DES BONS VENDUS. 1	NOMBRE DE BONS VENDUS. 2	PRODUIT BRUT DE LA VENTE. 3	REMISE DE 0 FR. 25 pour 100 francs. 4	PRODUIT NET. 5
Bons à 5 francs...............				
Bons à 20 francs...............				
Totaux de la quinzaine........				
Rappel des totaux antérieurs........				
Totaux généraux.........				

Arrêté à la somme de....................., produit brut de la vente pour la période du .... au .... (premier et dernier jour de la quinzaine), somme versée à la Trésorerie générale d..................... le ....191....

Le Receveur principal.

Le Receveur principal de .... est autorisé à inscrire en recette à l'article 42 bis du sommier n° 1101 (opérations de trésorerie) la somme de .... montant des remises acquises aux comptables du département pour les ventes de la quinzaine.

À ...., le ...., 191....

Le Directeur départemental.

Pour acquit (A) de la somme de .... montant des remises dues aux comptables du département pour les ventes de la quinzaine.

À ...., le .... 191......

Le Receveur principal.

(A) Cette formule d'acquit n'est remplie et signée que sur l'expédition destinée au Trésorier payeur général du département.

Elle ne donne pas lieu à l'apposition d'un timbre-quittance.

<table>
<tr><td>

...ES ET TÉLÉGRAPHES.

DIRECTION
DE LA
COMPTABILITÉ

1er BUREAU.

DÉPARTEMENT

—

BUREAU

</td><td>

RÉPUBLIQUE FRANÇAISE.

BONS DE LA DÉFENSE NATIONALE
À 5 FRANCS ET À 20 FRANCS.

ÉTAT descriptif des ....

</td><td>

Bons
de la Défense nationale
à
5 francs et à 20 francs.

Formule n° 9.

</td></tr>
</table>

BONS À 5 FRANCS.		BONS À 20 FRANCS.	
SÉRIES.	NUMÉROS.	SÉRIES.	NUMÉROS.
	Du n° ...... au n°		Du n° ...... au n° ......
	Du n° ...... au n°		Du n° ...... au n° ......
	Du n° ...... au n°		Du n° ...... au n° ......
	Du n° ...... au n°		Du n° ...... au n° ......
	Du n° ...... au n°		Du n° ...... au n° ......
	Du n° ...... au n°		Du n° ...... au n° ......
	Du n° ...... au n°		Du n° ...... au n° ......
	Du n° ...... au n°		Du n° ...... au n° ......
	Du n° ...... au n°		Du n° ...... au n° ......
	Du n° ...... au n°		Du n° ...... au n° ......
	Du n° ...... au n°		Du n° ...... au n° ......
	Du n° ...... au n°		Du n° ...... au n° ......
	Du n° ...... au n°		Du n° ...... au n° ......
	Du n° ...... au n°		Du n° ...... au n° ......
	Du n° ...... au n°		Du n° ...... au n° ......
	Du n° ...... au n°		Du n° ...... au n° ......
	Du n° ...... au n°		Du n° ...... au n° ......
	Du n° ...... au n°		Du n° ...... au n° ......
	Du n° ...... au n°		Du n° ...... au n° ......
	Du n° ...... au n°		Du n° ...... au n° ......
	Du n° ...... au n°		Du n° ...... au n° ......
	Du n° ...... au n°		Du n° ...... au n° ......
	Du n° ...... au n°		Du n° ...... au n° ......

Même tableau qu'à la 1re page
sans en-tête.

Même tableau qu'à la 1re page
sans en-tête.

Même tableau qu'à la 1re page
sans en-tête.